Méditations en balade

À mes amis Pushan et Kasia : je souhaite que vous continuiez à parcourir ce chemin d'amour ensemble pendant de nombreuses vies.

Pour la version originale
Livre publié pour la première fois en Grande-Bretagne en 2023, sous le titre *Walking Meditations* par Aster, une marque d'Octopus Publishing Group Ltd, Carmelite House, 50 Victoria Embankment, London EC4Y 0DZ
www.octopusbooks.co.uk

Pour la version française
©2024, Éditions La Plage
58, rue Jean Bleuzen – 92178 Vanves cedex
Dépôt légal : septembre 2024
NUART : 1635938
ISBN : 9782383382997

Direction éditoriale : Céline Le Lamer
Traduction et mise en page : ZS studio
Relecture : Charlotte Maillot
Fabrication : Amélie Moncarré
Responsable marketing et communication : Charlotte Couture (ccouture@laplage.fr)
Responsable partenariats : Dana Lichiardopol (dlichiardopol@hachette-livre.fr)

Retrouvez toutes nos nouveautés et actualités sur www.laplage.fr
Écrivez-nous :
• Pour toute demande ou réclamation : info@laplage.fr
• Pour envoyer vos manuscrits : edition@laplage.fr

Imprimé en France sur du papier certifié sans chlore issu de forêts gérées durablement, avec des encres végétales sur les presses de PPO graphic, un imprimeur reconnu pour ses pratiques respectueuses de l'environnement. Les techniques utilisées pour la réalisation de la couverture, y compris la métallisation à froid, s'inscrivent dans une démarche de développement durable et de recyclage.

PAPIER À BASE DE FIBRES CERTIFIÉES

éditions la plage s'engage pour l'environnement en réduisant l'empreinte carbone de ses livres. Celle de cet exemplaire est de :
750 g éq. CO_2

Méditations en balade

Pour créer un moment de paix où que l'on soit

Danielle North

Sommaire

* Un monde de promenades

Introduction

Le Cosmos évolue selon des cycles et des rythmes qui dépassent notre compréhension humaine de la taille et du temps. Nous faisons partie de ce magnifique Univers et il nous anime de façon mystérieuse. Il y a bien longtemps, nos ancêtres étaient à l'écoute des rythmes naturels, utilisant les planètes et les étoiles pour se guider dans leur vie. Aujourd'hui, il nous est devenu plus difficile de nous accorder aux rythmes terrestres, tels que les changements de saison, et nous ne prêtons guère d'importance aux cycles de l'espace, plus grands, qui nous guident et nous soutiennent pourtant.

L'une des raisons pour lesquelles nous avons perdu le contact avec ce grand tout est que la vie, aujourd'hui, peut être pleine de cahots. Peu de gens échappent aux inévitables meurtrissures du cœur et de l'âme qui jalonnent notre parcours, de l'école au monde du travail, en passant par la famille, l'éducation des enfants et bien d'autres choses encore. Pour faire face, nous avançons souvent la tête baissée, avec des œillères, concentrés sur les défis du quotidien ou sur la prochaine situation stressante.

C'est là que la marche entre en jeu. Pour qui a connu des défis, des difficultés ou même des traumatismes, l'action répétitive et régulière qui consiste à mettre un pied devant l'autre, à se connecter à la terre et à soi-même, est un processus de restauration. Si vous marchez dans la nature ou dans des endroits qui ont une signification spirituelle (le long des lignes de Ley, par exemple), ces bienfaits sont amplifiés.

Les promenades n'ont pas besoin d'être longues. Une sortie de dix minutes, un « changement de décor » peut suffire à briser la rumination, à rétablir l'équilibre et à réguler le système nerveux central. Au fil du temps, la marche régulière permet de remodeler le cerveau pour créer de nouveaux réseaux neuronaux, de sorte que, non seulement, cela devient une habitude, mais en plus, cela accroît votre sentiment de bien-être, de paix et de bonheur.

Des promenades plus longues, telles que les méditations par saison des pages 136 à 159, sont l'occasion de se perdre en chemin, en sortant des sentiers battus pour explorer de nouveaux endroits, ou simplement à l'intérieur de soi, dans ses pensées ou ses expériences. On organise une grande partie de notre vie en fonction d'un emploi du temps, ou des exigences d'autres personnes : cela laisse peu de place aux surprises. Pourtant, dans le vide de l'espace, il y a des inconnues, des idées et des réponses qui attendent d'être découvertes. Vous trouverez aussi dans cet ouvrage des méditations guidées plus profondes (voir pages 126 à 135), conçues pour vous emmener encore plus loin et vous aider à traverser des émotions particulièrement complexes, puissantes ou pénibles.

Ce livre a été écrit pour vous guider dans un voyage méditatif en marchant, combinant ainsi les bienfaits de la méditation et de la marche. Réfléchissez également à un endroit où vous pouvez marcher régulièrement, un lieu facile d'accès depuis votre domicile ou votre lieu de travail.

Les méditations de ce livre s'adressent à tous ceux qui veulent ressentir les bienfaits de la méditation mais qui trouvent que s'asseoir sans bouger pendant un temps indéterminé est trop difficile. Elles s'adressent également à ceux qui ont déjà une pratique de la méditation à la maison, seuls ou au moyen d'une application, et qui souhaitent aller plus loin. L'objectif est de pouvoir cultiver la sensation et les bienfaits de la « méditation marchée » dans le cadre de nos activités quotidiennes, afin de se sentir un peu moins stressé et un peu plus paisible chaque jour.

Pour l'instant, explorons ensemble les bienfaits de la méditation marchée, en utilisant le rythme de la marche et la concentration sur la respiration comme des moyens de nous connecter à notre monde intérieur. Avec le temps, peut-être que la méditation marchée vous aidera aussi à vous reconnecter aux rythmes mystérieux et essentiels du Cosmos...

Je vous envoie des galaxies d'amour,
Danielle

Pourquoi marcher ?

La marche est l'une des formes d'exercice les plus accessibles et les plus agréables qui existent. Pratiquée régulièrement, elle est bénéfique pour la santé physique et mentale. La marche atténue la dépression, augmente l'énergie, améliore l'humeur, réduit le stress et l'anxiété et accroît la qualité du sommeil. Ces bienfaits sont amplifiés lorsqu'on marche dans la nature, et le fait d'être à l'extérieur crée un profond sentiment de calme intérieur. Tout en se déconnectant du stress de la vie quotidienne, on se connecte au pouvoir réparateur de la nature et on développe son lien avec soi.

Des recherches sur la pratique japonaise du *Shinrin-yoku,* ou « bain de forêt », ont montré que le fait de passer du temps au milieu des arbres, au calme et en respirant profondément, améliore l'humeur et réduit l'anxiété. L'énergie qui nourrit la terre nous nourrit également. Dans certaines traditions, on appelle cette énergie vitale *qi* ou *chi* (chinois), *ki* (japonais) ou *prana* (sanskrit). Vous n'êtes peut-être pas conscient que cette force vitale s'active lorsque vous vous promenez dans la nature, mais vous en ressentirez les bienfaits. C'est la même énergie qui est cultivée lorsqu'on s'assoit pour méditer. Lorsque l'on médite, le *qi* commence à s'élever ; marcher dans la nature est donc essentiellement une forme de méditation.

Si vous utilisez les méditations de ce livre au fil du temps et en pleine conscience, vous sentirez peut-être cette énergie vitale monter en vous. Au fur et à mesure que votre force vitale s'élèvera, votre énergie naturelle, votre motivation et votre joie de vivre grandiront aussi, tout comme votre capacité à vous sentir mieux ancré et l'esprit plus clair.

Qu’est-ce que la méditation marchée ?

La méditation ne cesse de gagner en popularité dans le monde entier. On se figure plutôt les méditants assis en silence sur un coussin, le dos droit, les mains sur les genoux, l’esprit calme et vide pendant un certain temps. Bien que ce soit efficace pour développer la concentration, la tranquillité et la perspicacité, pour beaucoup d’entre nous avec une vie et un esprit bien remplis, méditer de cette façon semble tout simplement hors de portée.

D’ailleurs, ceux qui arrivent à s’asseoir sur un coussin de méditation pensent souvent qu’ils font fausse route, parce qu’ils ne parviennent pas à ne penser à rien. En réalité, l’esprit est rarement vide, surtout lorsque nous apprenons à méditer et que l’objectif, au départ, est simplement d’observer la respiration. À mesure que nous pratiquons la méditation, nous devenons plus à même de nous détacher de nos pensées pour juste les observer. Vous pouvez en savoir plus sur cette manière de méditer dans mes autres livres, *Méditations du soir* et *Méditations du matin*.

Tout au long de ce livre, vous apprendrez à pratiquer la méditation en marchant, ce qui est très simple. C’est inspiré de la méditation marchée zen, connue sous le nom de *Kinhin*. Il n’est pas nécessaire d’être bouddhiste pour la pratiquer. La méditation marchée combine la capacité à se concentrer sur l’esprit et à faire des mouvements ciblés. Vous pouvez ainsi étendre les bienfaits naturels de la marche contre le stress, sans effort supplémentaire.

Comment cela fonctionne ?

Traditionnellement, on pratique la méditation marchée lentement, pieds nus, le regard baissé. Les mains peuvent être jointes devant ou derrière soi, ou les bras peuvent être laissés détendus le long du corps. Vous marchez un certain nombre de pas – par exemple, quinze pas – le long d'un chemin déterminé. L'objectif est de coordonner votre respiration avec vos pas, donc de marcher doucement, lentement. Au bout du chemin, faites une pause, retournez-vous et faites le même nombre de pas en sens inverse. Lorsque vous êtes revenu à votre point de départ, faites une nouvelle pause, puis recommencez, et ainsi de suite. Pendant la marche, concentrez votre attention sur les sensations de vos pieds. Au début, au milieu et à la fin du chemin, demandez-vous « Où est mon esprit ? » afin de le ramener aux sensations de la plante de vos pieds.

Cette approche de la méditation fonctionne parce que l'esprit aime bien avoir quelque chose sur quoi se concentrer. De plus, avec ce repère, vous pouvez savoir s'il s'est égaré et le recentrer sans jugement : il vous suffit de ramener votre attention sur la plante de vos pieds tout en maintenant en conscience un rythme de marche. Cette méthode est particulièrement indiquée si vous débutez dans la méditation, car elle vous offre des points de contrôle naturels. L'observation de l'esprit en action est puissante, car, plus vous la pratiquez, plus vous comprenez que vous n'êtes pas seulement votre esprit, mais que vous et votre esprit êtes des entités distinctes.

Utiliser ce livre en promenade

Chaque méditation de ce livre a été écrite avec une intention particulière. Certaines sont délibérément courtes, pour les jours où le temps manque ; d'autres, plus profondes, servent à traiter des émotions complexes (voir pages 126 à 135) ; d'autres encore, plus longues, sont indiquées pour les changements de saison (voir pages 136-159).

Vous pouvez intégrer les méditations dans votre journée et les « greffer » sur des temps de marche existants, par exemple le trajet de retour de l'école ou du travail, la pause déjeuner ou le trajet jusqu'à la salle de sport. Il ne sera pas toujours possible d'être pieds nus, mais ce n'est pas grave, vous pouvez prêter attention aux sensations de vos pieds à travers vos chaussures.

Il se peut que vous souhaitiez vous asseoir, parfois. Si vous en avez le temps, c'est très bien de le faire, et vous pouvez soit vous asseoir tranquillement avec vos pensées soit vous concentrer sur votre respiration. Cela peut être indiqué pour les méditations plus longues, car vous pouvez emporter ce livre avec vous et le lire. Pour les méditations plus courtes, prenez le temps de lire la méditation avant de partir en promenade. Ne vous souciez pas de la retenir, car vous pouvez vous l'approprier en marchant.

Si la marche est difficile pour vous, vous pouvez lire les méditations et imaginer le voyage. Si vous pouvez le faire à l'extérieur, vous en tirerez d'autant plus de bienfaits.

Commencer

Marcher en conscience

La méditation marchée consiste simplement à marcher et à respirer en conscience. Si vous voulez commencer de manière simple, voici sept idées pour vous aider à marcher en conscience :

1. Trouvez autant de nuances de vert que possible.
2. Marchez là où il y a de l'espace : trouvez délibérément l'espace entre les gens et les choses.
3. Cherchez et, si vous pouvez le faire en toute sécurité, touchez autant de textures différentes que possible.
4. Prenez conscience de tout ce que votre odorat détecte – quelles sont les odeurs que vous aimez ? Celles que vous n'aimez pas ?
5. Écoutez le son de votre propre respiration pendant que vous marchez. Ni plus, ni moins.
6. Remarquez ce qui est naturel et ce qui est fabriqué par l'homme.
7. Cherchez la beauté en toute chose. Même si elle n'est pas là.

Travail respiratoire pour la marche

Dans la méditation marchée, on se concentre sur la coordination de sa respiration avec le rythme de ses pas. Depuis votre naissance, vous respirez. Cela se fait sans que vous y pensiez, environ 1 000 fois par heure, et, pour beaucoup d'entre nous, avec facilité. Alors, puisqu'il s'agit d'un processus naturel, pourquoi y prêter attention pendant une promenade méditative ?

La vie est stressante. En cas de stress, le système nerveux sympathique active la réaction de lutte ou de fuite au moyen d'une production soudaine d'hormones, dont le cortisol (l'hormone du stress), dans le corps. Vous vous sentez alerte, le rythme cardiaque et respiratoire s'accélère et le corps se crispe. Une fois le stress passé, le système nerveux parasympathique ramène le corps au calme. Chez beaucoup d'entre nous, le mode de vie moderne active le système nerveux sympathique et notre taux de cortisol reste élevé pendant trop longtemps, créant un déséquilibre hormonal qui rend la déconnexion difficile.

En modifiant consciemment vos habitudes respiratoires, vous permettez à votre nerf vague, qui va du cerveau au diaphragme, d'envoyer un signal au cerveau pour qu'il active le système nerveux parasympathique et désactive le système nerveux sympathique. Alors, votre respiration ralentit, votre rythme cardiaque diminue, votre tension artérielle baisse et votre corps retrouve un état de calme.

C'est comme un interrupteur que vous pouvez actionner pour changer d'état d'esprit, juste en respirant profondément ou en modifiant votre respiration. Pour vous aider, voici trois techniques simples à utiliser pendant la marche – ce sera votre séance de méditation marchée – ou à faire chez vous pour donner un coup de fouet à votre énergie.

La **respiration consciente** consiste à inspirer par le nez, à faire descendre l'air dans le ventre et à expirer par la bouche. L'expiration est comme un soupir doux – imaginez que vous faites de la buée sur le miroir de la salle de bains. Respirez de cette façon pendant quelques pas supplémentaires, en harmonisant votre inspiration et votre expiration avec le rythme de vos pas.

Dans la **respiration équilibrée**, vous ne respirez que par le nez. Fermez la bouche et inspirez lentement avec les deux narines en comptant jusqu'à 4, puis expirez lentement en comptant jusqu'à 4. Calquez le rythme de votre respiration sur le rythme de votre marche. Répétez le cycle cinq fois. Utilisez la main droite pour compter pendant les respirations et la main gauche pour compter les cycles.

Avec la **respiration en spirale**, il s'agit d'imaginer que votre respiration monte et descend le long de votre colonne vertébrale pendant que vous marchez. Prenez une grande inspiration en laissant votre souffle monter en spirale le long de votre colonne vertébrale, tout en comptant jusqu'à 6. Expirez en laissant votre souffle redescendre naturellement en spirale le long de votre colonne vertébrale, tout en comptant jusqu'à 6. Si cela vous aide, imaginez que le souffle a une couleur et regardez cette couleur monter et descendre le long de votre colonne.

Marcher avec ses sens, le pas-à-pas

Souvent, lorsque nous marchons, notre attention n'est pas ancrée dans le sol, car nous écoutons de la musique ou un podcast, nous parlons à des amis ou regardons notre smartphone. Même lorsque nous marchons en silence, il est fréquent que notre esprit fasse défiler nos soucis, nos doutes, nos frustrations ou nos aspirations, nos désirs ou nos rêves. Rien de tout cela n'est grave, mais, pour vous sentir moins stressé et plus détendu, essayez plutôt cette marche avec vos sens.

Cette pratique donne de meilleurs résultats si on se déconnecte de la technologie et que l'on marche seul (mais il peut y avoir du monde autour, par exemple dans une rue ou un supermarché très fréquenté). Voici comment procéder.

Étape 1 En marchant, ralentissez votre allure.
Étape 2 Détendez votre respiration.
Étape 3 Observez ce que vous pouvez voir près de vous : textures, couleurs, motifs.
Étape 4 Portez maintenant votre attention sur ce que vous voyez au loin : textures, couleurs, motifs.
Étape 5 Écoutez ce que vous pouvez entendre, les sons que vous aimez comme ceux que vous n'aimez pas.
Étape 6 Prenez conscience des odeurs et remarquez celles que vous aimez et celles que vous n'aimez pas.
Étape 7 Demandez-vous si vous pouvez coexister avec tout cela, tel que c'est.
Étape 8 Inspirez et expirez en marchant.
Étape 9 Sentez maintenant votre centre, le cœur de votre être.
Étape 10 Marchez à partir de votre centre, en vous sentant fort et stable.

Dix minutes pour booster son moral

Si vous vous sentez épuisé, cette méditation peut être effectuée en marchant à la maison ou lors d'un trajet à pied ; chaque partie ne prend que quelques minutes. Si vous êtes occupé, commencez par la partie 2 ; si vous manquez de temps, ne faites que celle-ci. Si vous avez plus de temps, vous pouvez répéter le cycle plusieurs fois.

Partie 1 Se centrer

1. Commencez en position debout.
2. Placez votre main droite sur votre cœur.
3. Connectez-vous à votre cœur. Sentez les battements réguliers de votre cœur.
4. Concentrez-vous sur votre respiration.
5. Envoyez votre souffle dans l'espace sous votre main.

Partie 2 Respirer et ressentir

1. Relâchez votre main et commencez à marcher lentement.
2. Respirez dans votre cœur en comptant lentement jusqu'à 5. Pas à pas.
3. Expirez en comptant jusqu'à 5. Pas à pas.
4. Faites-le cinq fois, lentement et régulièrement. Notez ce que vous ressentez.
5. Faites de la place pour ces ressentis.

Partie 3 Faire l'expérience de la joie

1. Pensez à quelqu'un ou à quelque chose qui vous apporte de la joie.
2. Remarquez la sensation de joie dans votre corps.
3. Inspirez cette joie dans votre cœur. Expirez cette joie pour l'insuffler au monde. Inspirez sur 5 temps et expirez sur 5 temps. Pas à pas. Faites-le cinq fois, lentement et régulièrement.
4. Remarquez tout changement dans votre corps et votre esprit.

Aller plus loin

La dimension intérieure

Pendant la majeure partie de notre vie, notre attention est portée sur l'extérieur, surtout lorsque nous marchons, car nous passons en pilote automatique. Lorsque l'esprit a la liberté de vagabonder, il peut aller dans une myriade de directions différentes à la vitesse de l'éclair, de la pensée créative au défaitisme, en passant par la résolution de problèmes ou l'interaction avec l'extérieur.

La méditation nous invite à entrer dans le monde intérieur. Nous avons tous un vaste océan intérieur, composé de nos pensées, de nos sentiments, de nos valeurs, de nos attitudes et de nos croyances. C'est aussi là que résident notre instinct, notre intuition et notre savoir intérieur. Les méditations marchées de ce livre sont conçues pour vous aider à découvrir vos propres dimensions intérieures. Apprendre à vous connaître vous permettra d'être bienveillant envers vous-même et les autres tout au long du chemin.

L'art de la contemplation

Malgré tous nos efforts pour comprendre la complexité de l'être humain, nous n'avons fait qu'en effleurer la surface. Il reste tant de zones profondément cachées à (re)découvrir, qui dépassent la logique de notre esprit. La contemplation permet d'explorer ces endroits plus profonds de notre conscience, de notre intuition et de notre compréhension de nous-mêmes. Les méditations marchées sont une voie d'accès à cette magnifique et riche mer intérieure.

Marcher paisiblement

Souvent, dans la vie quotidienne, on s'efforce d'aller quelque part. Faites la liste de tous les endroits où vous souhaitez vous rendre dans une journée, qu'il s'agisse de lieux physiques comme la gare ou le supermarché, ou de lieux aspirationnels comme une meilleure santé, une bonne relation ou une autre carrière. Une grande partie de notre vie est axée là-dessus, et, lorsque toute notre énergie et notre concentration sont tournées vers l'avenir et l'ailleurs, nous pouvons perdre le sentiment de paix que procure le fait d'être ici et maintenant.

Pour approfondir votre pratique de la méditation marchée et votre capacité à marcher dans la paix de l'instant présent, plutôt que de l'intégrer à une promenade avec une destination – par exemple un trajet vers le bureau ou la salle de sport –, faites l'expérience d'une promenade sans but, de sorte que le but devienne la promenade elle-même. Comme auparavant, il vous suffit de vous concentrer sur la marche et la respiration (voir page 20). Voici comment procéder.

Étape 1 Placez un pied devant l'autre et sentez votre talon se connecter au sol.

Étape 2 Prenez conscience de l'ensemble de votre pied qui se déroule vers vos orteils et remarquez que le talon se soulève du sol lorsque l'autre pied fait un pas en avant.

Étape 3 Respirez, observez et restez dans le moment présent, en sachant que vous n'avez besoin d'être nulle part ailleurs ; vous êtes simplement en train de placer paisiblement un pied devant l'autre.

Une action sans effort

Le prochain chapitre contient les méditations guidées qui vous accompagneront pendant vos promenades. Avant de l'aborder, il est temps de se rappeler pourquoi nous pratiquons la méditation marchée.

L'intention principale est d'amener votre pratique au-delà de la séance de méditation marchée, dans votre quotidien. Il s'agit d'apporter la paix que vous avez cultivée lors de votre pratique dans votre vie de tous les jours, afin qu'elle vous soit utile dans votre travail, vos relations ou votre rôle de parent. En fin de compte,
le lieu de paix que vous rejoignez dans vos méditations devient un espace continu et connecté en vous, non séparé de vous.
Pour y parvenir, il faut d'abord s'entraîner.

Saisissez donc toutes les occasions de continuer à bouger en conscience, qu'il s'agisse de vous lever du canapé ou de faire une longue randonnée en montagne, jusqu'à ce que cela ne nécessite plus de pensée consciente et devienne une action sans effort.

* Méditations marchées

Calme

Connectez-vous à votre corps physique pendant que vous marchez et, sur la prochaine expiration, imaginez que vous soufflez doucement une traînée de petites bulles bleues par la bouche. Inspirez et visualisez le flux de petites bulles bleues sur l'expiration. Faites dix respirations ainsi, à votre rythme.

Appréciez ce moment, souriez et réjouissez-vous de voir les bulles quitter votre corps. Jouez avec la couleur bleue – s'agit-il d'un bleu nuit, d'un turquoise ou d'un bleu doux et pâle ? Trouvez votre couleur ou mélangez les bleus. Restez léger et enjoué, et rappelez-vous que cette méthode fonctionne mieux si vous expirez la bouche ouverte.

Regardez maintenant autour de vous. Vous êtes peut-être en ville, peut-être à la campagne. Où que vous soyez, visualisez des traînées de petites bulles bleues expirées par les personnes qui vous entourent.

Tout le monde respire, inspire et expire. L'essentiel pour vivre. Inspirer et expirer. C'est aussi simple que cela.

Prêtez maintenant attention aux arbres autour de vous et visualisez-les en train d'expirer de minuscules courants de magnifiques bulles vertes.

Voyez comme la respiration des arbres est ample, observez les traînées de bulles vert émeraude qui libèrent généreusement de l'oxygène dans l'atmosphère. Imaginez que chaque arbre libère suffisamment de petites bulles vertes pour aider chaque personne sur la planète à respirer.

Remarquez que les arbres continuent à respirer librement, même si les conditions sont difficiles – vous aussi, vous en êtes capable.

Regardez vos bulles et celles des arbres se superposer, se connecter pour former une constellation colorée. Une myriade de bulles bleues et vertes se mélangent. Nous sommes reliés les uns aux autres par ce simple échange et chacun est relié à l'air vivifiant que nous respirons. Nous ne faisons qu'un ; même dans le chaos, nous continuons à suivre notre chemin et, à chaque respiration – cet acte fondamental de la vie –, nous nous portons bien.

Gratitude

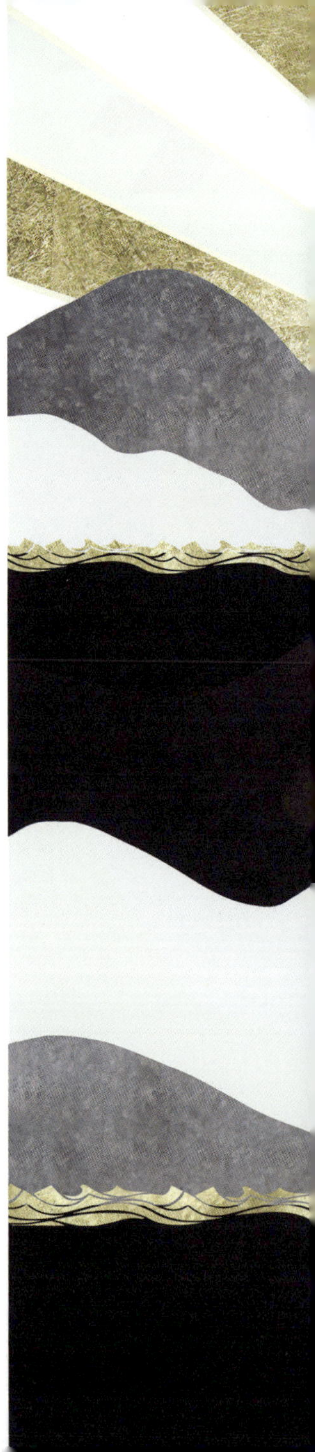

Au moment de partir en promenade, inspirez profondément par le nez, retenez votre souffle quelques instants, puis expirez lentement et longuement.

Inspirez à nouveau profondément par le nez, bloquez un instant, puis expirez lentement et longuement.

Une fois de plus, inspirez profondément, bloquez puis expirez lentement et longuement. Revenez maintenant à votre respiration habituelle ; il n'est pas nécessaire de la modifier.

Imaginez qu'une douce lumière dorée vous entoure. Elle scintille. Vous vous sentez en sécurité et protégé, enveloppé dans cette belle lumière.

Concentrez-vous sur vos pieds au moment où ils entrent en contact avec le sol et laissez la douce lumière dorée pénétrer dans vos pieds, les remplir de chaleur et de détente, tandis que vous êtes reconnaissant envers vos pieds pour chaque pas que vous avez fait sur ce chemin de la vie, qui vous a conduit jusqu'à ce moment, ici et maintenant.

Sentez à présent la douce lumière dorée monter jusqu'à vos chevilles. Sentez vos chevilles devenir chaudes et détendues, tandis que cette lumière grimpe dans vos mollets et vos tibias.

Sentez cette douce lumière dorée pénétrer dans vos genoux, et laissez la chaleur remplir vos genoux et remonter dans vos cuisses. Prêtez attention aux grands muscles de vos cuisses et, à chaque pas, soyez reconnaissant de la force de votre corps.

Laissez maintenant la douce lumière dorée pénétrer dans les articulations de vos hanches. Laissez vos hanches s'assouplir et se détendre, en les balançant doucement, pas à pas.

Prenez conscience de la chaleur de la lumière dorée qui remplit votre abdomen. C'est comme une boule de lumière dorée qui prend toute la place. Sentez sa chaleur. Respirez profondément dans cette boule de lumière et sentez-la se dilater, vous emplissant de chaleur et de la gratitude d'exister, simplement.

À chaque respiration, laissez vos poumons se remplir de cette douce lumière, et faites grandir votre gratitude pour chaque respiration de votre vie – quel être miraculeux vous êtes !

Laissez votre conscience se déplacer vers vos mains. Sentez la lumière chaude et dorée envahir chaque doigt. Sentez-la emplir la paume de chaque main, tandis que vous éprouvez de la gratitude pour votre capacité à toucher, à vous relier au monde et à créer.

Laissez la lumière dorée se répandre dans vos poignets et vos avant-bras, puis dans vos bras et vos épaules. Laissez vos omoplates se relâcher. Vous êtes profondément détendu et reconnaissant pour tout ce que vous êtes capable de tenir ou de porter, en votre nom et au nom des autres.

Ensuite, laissez la lumière chaude et dorée pénétrer dans votre cou. Sentez votre cou et votre gorge se détendre. Avalez doucement et sentez votre gorge s'ouvrir.

Sentez la lumière qui envahit toute votre tête et tout votre visage. Laissez vos yeux se détendre. Laissez le petit espace entre vos sourcils se détendre. Laissez votre front se détendre. Laissez le sommet de votre tête se détendre.

Sentez maintenant la lumière dorée passer par le sommet de votre tête pour descendre le long de votre dos, comme une lueur chaude baignant votre colonne, vertèbre après vertèbre. Remerciez votre colonne vertébrale qui vous permet de rester fort et droit dans la vie.

Souriez et, à chaque pas, savourez votre propre gratitude d'être en vie, ici et maintenant, en ce moment même.

Concentration

Lorsque vous mettez vos chaussures, prenez conscience de votre corps physique et connectez-vous à vos pieds, par exemple en frottant la plante de vos pieds avant d'enfiler vos chaussures.

Si vous mettez un manteau, prenez conscience de vos bras qui entrent dans les manches. Placez votre main droite sur votre bras gauche et votre main gauche sur votre bras droit, et serrez ou frottez-vous les bras pour entrer en contact avec votre corps physique.

Sentez le poids de vos clés dans votre main lorsque vous les prenez. Remarquez la température et la texture de vos clés, le son qu'elles produisent.

En ouvrant la porte, respirez et prenez conscience de ce que vous ressentez aujourd'hui, sans jugement ni envie de changer votre façon d'être.

Fermez soigneusement la porte et remarquez le changement d'énergie lorsque vous sortez de chez vous et pénétrez le monde extérieur. Que ressentez-vous face à ce changement ? Notez-le simplement, en prenant conscience de votre expérience en temps réel, sans avoir besoin de la modifier.

Inspirez profondément par le nez et expirez par la bouche. Vous pouvez le faire deux ou trois fois, si cela vous fait du bien.

À chaque pas, reconnectez-vous à vos pieds et sentez l'énergie qui se transfère de vos pieds vers le haut de votre corps. Restez connecté à votre respiration et remarquez qu'il y a une courte pause entre l'inspiration et l'expiration.

Maintenant, tout en restant concentré sur votre corps et votre respiration, commencez à porter votre attention sur le monde qui vous entoure. Souvent, lorsque nous passons à l'action, nous perdons le contact avec nous-mêmes, avec notre être, et nous nous perdons dans l'action.

Prenez conscience des changements subtils qui s'opèrent en vous lorsque vous passez à l'action. Votre ventre se contracte-t-il ? Votre respiration s'accélère-t-elle ?

Observez simplement, soyez curieux. Restez concentré sur votre propre expérience en vous engageant dans le monde extérieur.

Continuez cette pratique jusqu'à ce que vous atteigniez votre destination ou que vous rentriez chez vous. N'oubliez pas qu'à chaque fois, vous vivrez une expérience différente, cela fait partie du plaisir !

Avec le temps, plus vous vous entraînerez, plus vous aurez la capacité de vous concentrer sur les tâches quotidiennes.

Énergie

Au moment de partir en promenade, imaginez que vous allez marcher par une journée ensoleillée, dans une prairie. Vous levez les yeux et le ciel est bleu, le soleil vous réchauffe le dos et vous vous sentez heureux et satisfait, en pensant que c'est une belle journée pour être en vie.

Vous passez un portail et amorcez une douce descente vers le cœur d'une vallée. Au loin, vous entendez le chant joyeux d'une rivière qui serpente vers l'océan.

Un mur en pierres marque le seuil d'une forêt de chênes, ancienne et intacte, qui vous attend. Le changement de température est perceptible et bienvenu : vous vous rendez compte que l'air est plus frais et plus humide, ici.

En franchissant le seuil de la forêt ancienne, vous sentez instantanément une montée d'énergie dans votre corps.

Vous prenez conscience d'une énergie et d'une vitalité totalement différentes, car le vaste réseau souterrain qui relie les chênes entre eux, la toile du vivant, s'épanouit.

Chacun des arbres, jeunes et vieux, communique avec les autres sous la terre. Ils se protègent les uns les autres et se gardent mutuellement en bonne santé et en sécurité.

Restez immobile un moment. Vous ressentez ce super-organisme extraordinaire et vous plantez solidement vos pieds sur le sol, sous vous, sachant que vous faites partie de ce super-organisme, que vous en avez toujours fait partie.

Vous plongez vos racines profondément dans la terre, puis vous respirez la puissante énergie terrestre qui remonte par vos pieds, passe par vos chevilles et vos genoux, traverse vos cuisses et pénètre dans vos hanches.

Cette énergie terrestre se rassemble dans le bas de votre dos et remplit votre abdomen.

Vous respirez profondément l'air plein de bonté et vous vous sentez nourri par cette puissante source d'énergie.

Vous levez les bras en l'air, en imaginant que vous êtes comme un chêne puissant. Vous sentez l'énergie monter dans votre corps et sortir vers le ciel par le bout de vos doigts. Oui, c'est une belle journée pour être en vie !

Perspective

Lorsque vous marchez, au lieu de penser à la liste de tout ce que vous avez à faire, de parler sur votre smartphone ou de vous inquiéter d'une situation, respirez profondément et concentrez votre attention à l'extérieur de vous.

Permettez à votre attention de s'arrêter sur les minuscules détails que vous pouvez voir, comme une fleur qui se fraie un chemin à travers une fissure dans le béton.

Prenez le temps de porter votre attention d'un petit détail à l'autre, en vous souvenant de maintenir une respiration régulière ; inspirez et expirez de façon naturelle, sans effort, tout en marchant.

Lorsque vous êtes prêt, changez de perspective et commencez à porter votre regard sur l'ensemble du paysage.

Laissez votre attention dériver vers la ligne d'horizon, faites une pause et observez le ciel et les nuages.

Si vous vous trouvez dans une zone urbaine, scrutez le sommet des bâtiments, à la recherche de motifs dans les toitures, les cheminées.

Soyez attentif à l'ondulation, aux strates et à la profondeur du paysage.

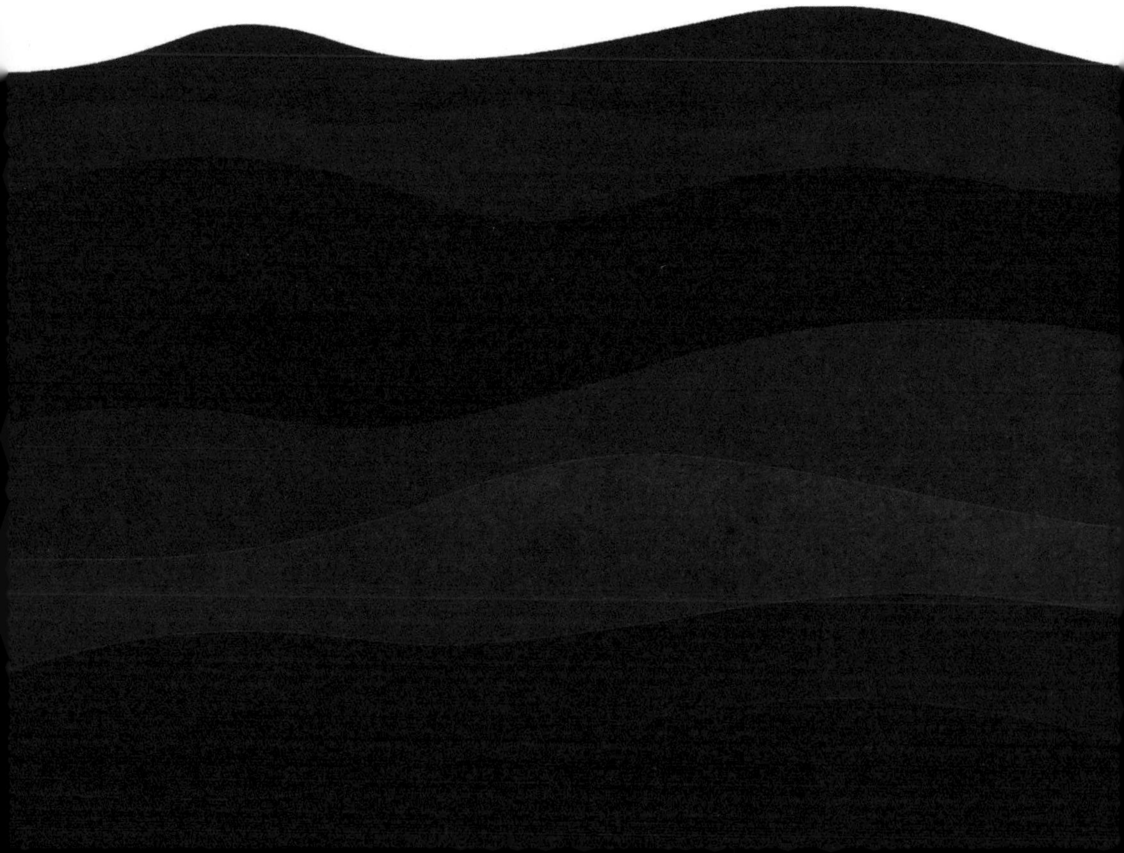

En marchant, changez de perspective en alternant entre le micro et le macro. Savourez ce que vous voyez dans l'aspect ordinaire, quotidien de la vie.

Lorsque vous êtes prêt, lâchez tout et revenez simplement à votre respiration, en avançant pas à pas. Sentez que vous êtes ancré et que votre esprit est clair.

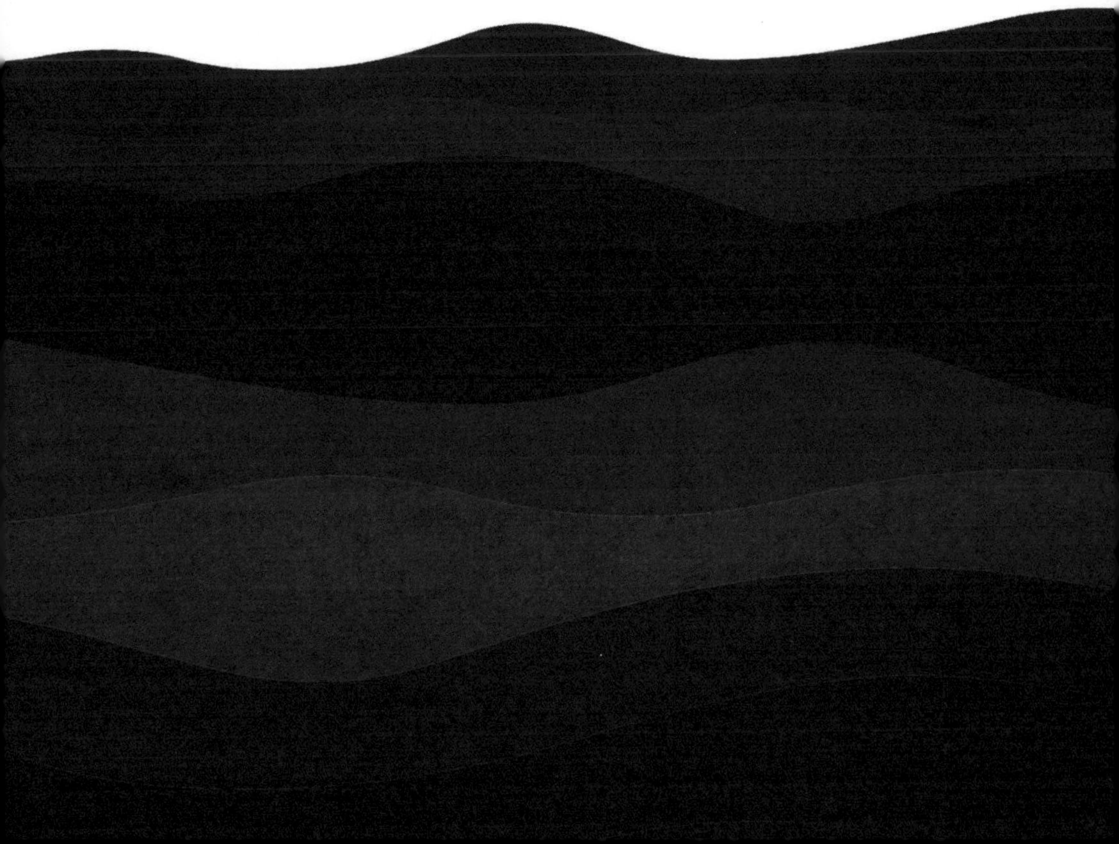

Créativité

Commencez par vous ancrer dans le sol à mesure que vous marchez, en vous concentrant sur vos pieds et sur la stabilité que vous ressentez lorsqu'ils touchent terre.

Connectez-vous maintenant à ce que vous entendez à l'intérieur de vous – par exemple, les battements de votre cœur, ou même vos pensées. Restez avec votre monde intérieur pendant quelques respirations.

Écoutez à présent les sons de votre environnement immédiat ; vous pouvez peut-être entendre les éboueurs, le chant des oiseaux, la pluie qui tombe ou une sirène. Quels sont les sons dans l'espace qui vous entoure ? Restez dans le monde extérieur pendant quelques respirations.

Ensuite, respirez profondément et commencez à ouvrir vos oreilles aux sons au-delà de votre environnement.

Ce sont des sons qui existent mais que vous ne pouvez pas entendre activement. Imaginez des vers creuser sous terre, un champ de coquelicots rouge vif bruisser dans une douce brise, des poissons-perroquets tropicaux gratter les récifs coralliens, les chants de moines isolés dans un temple à flanc de colline, des séquoias géants puiser de l'eau par leurs racines et la faire remonter par leur tronc.

Imaginez les plaques tectoniques frotter l'une contre l'autre, un troupeau de gnous traverser les grandes plaines, des perce-neige trouer la terre après un hiver long et froid, des étoiles s'effondrer dans l'Univers.

Soyez créatif, étirez votre imagination et laissez-vous aller à entendre les sons du monde que vous habitez.

Flow

Imaginez-vous devant une arche décorée, l'entrée d'un magnifique jardin zen japonais. Vous entendez le carillon d'une cloche, un appel de l'intérieur, et vous franchissez le seuil de cet espace sacré en ressentant un doux changement d'énergie.

Alors que vous marchez, imaginez le crissement délicat du gravier sous vos pieds et, à partir de maintenant, faites en sorte que chacun de vos pas soit aussi aérien que le vol d'un papillon.

Prenez conscience de l'espace entre vos pieds et le sol, tout en marchant avec légèreté dans ce lieu paisible.

De chaque côté, de gros rochers gris et tachetés délimitent le sentier et vous guident dans ce voyage méditatif, tandis que vous sentez une légère humidité dans l'air qui effleure doucement votre peau.

Vous êtes attiré par le tintement de l'eau. Vous suivez ce son et arrivez à une petite cascade où de minuscules gouttes d'eau, comme des cristaux étincelants, rebondissent sur les rochers, tandis que l'eau s'écoule vers un magnifique lac tranquille.

Votre attention est attirée par l'eau calme du lac et vous vous arrêtez pour contempler la paix et la beauté qui règnent ici.

En regardant vers le centre du lac, vous remarquez des carpes koï qui nagent vers vous. Chaque carpe est une œuvre d'art à part entière. L'une est d'un jaune d'or. Une autre glisse, son corps blanc parsemé de taches d'un rouge profond recouvertes d'éclaboussures noires, tandis que sa queue blanche balance doucement de gauche à droite.

Une autre carpe koï passe devant vous, ses écailles dorées scintillant au soleil ; vous remarquez que chaque écaille a un contour noir, ce qui fait ressortir toute leur beauté.

Une carpe koï orange avec des bandes noires lève la tête vers la surface, et vous remarquez que votre rythme s'est ralenti et que votre respiration s'est apaisée ; un sentiment de calme vous envahit.

Vous continuez à marcher, traversez un pont et arrivez dans un endroit tranquille au cœur du jardin. Cet espace est abrité par des arbres et vous pouvez entendre les feuilles bruisser doucement sous l'effet de la brise.

Au centre de cet abri, assis sur un rocher plat, se trouve votre professeur ou votre guide. Quelqu'un qui a votre intérêt à cœur. Vous êtes venu le retrouver.

Lorsque vous vous approchez de votre guide, il se lève et vous salue en souriant. Il n'y a que de l'amour dans ses yeux. En silence, vous commencez à marcher ensemble.

Au bout d'un moment, vous lui dites : « Je suis venu à toi, que veux-tu me dire ? »

Votre guide prononce votre nom et commence à parler, partageant la sagesse qui vous aidera à nager avec aisance dans votre vie, comme la carpe koï.

Vous écoutez ce que votre guide a à dire et vous laissez le dialogue se dérouler. Vous êtes capable de lui poser des questions et de recevoir ses réponses, le cœur ouvert et de bonne grâce. Vous vous sentez vivant et éveillé.

Vous voilà de retour devant l'arche décorée ; il est temps pour vous et votre guide de vous séparer. Vous le faites avec une reconnaissance tranquille et un amour profond.

Clarté

Tandis que vous marchez, commencez par expirer complètement par la bouche, bouche ouverte, puis prenez une grande inspiration et expirez complètement par la bouche, bouche ouverte, en poussant un long et profond soupir – cela rétablit votre rythme respiratoire naturel.

Laissez maintenant votre respiration revenir à la normale et, tout en respirant normalement, prenez conscience de votre souffle et de l'endroit où il veut naturellement aller dans votre corps.

Suivez le parcours de votre respiration. Atteint-elle votre poitrine ? Écarte-t-elle vos côtes ? Le souffle descend-il jusque dans votre ventre ?

À chaque inspiration, remarquez simplement, avec curiosité, où votre respiration veut aller, sans essayer de la modifier ni la juger.

Laissez maintenant cette exploration de côté et portez votre attention sur votre visage. Remarquez ce que vous ressentez autour des yeux, prenez conscience de ce que vous ressentez au niveau de la mâchoire et prêtez attention à votre gorge.

Inspirez profondément et, sur l'expiration, relâchez toute tension sur votre visage. Expirez la tension autour de vos yeux, expirez la tension dans votre mâchoire. Sur l'expiration suivante, détendez votre gorge.

Prenez ensuite conscience de vos épaules. Inspirez profondément et, sur l'expiration, relâchez toute tension dans vos épaules.

Portez votre attention sur votre ventre. Inspirez profondément et, sur l'expiration, relâchez toute tension dans cette zone, détendez votre abdomen.

Concentrez-vous sur vos jambes en inspirant profondément. Sur l'expiration, relâchez toute tension dans vos jambes, de sorte que, tandis que vous marchez, vous vous sentez plus détendu que vous ne l'avez été de toute la journée.

Enfin, prenez une profonde inspiration, la plus belle de la journée, et expirez tout l'air dans un grand soupir, comme vous l'avez fait au début de cette promenade.

Vous allez maintenant compter. Lors de la prochaine respiration, votre expiration sera plus longue de deux temps que votre inspiration. Par exemple, vous pouvez compter jusqu'à 4 en inspirant, puis jusqu'à 6 en expirant. Trouvez le décompte qui vous convient le mieux.

Inspirez pendant 1, 2, 3, 4 ; expirez pendant 1, 2, 3, 4, 5, 6.

Inspirez pendant 1, 2, 3, 4 ; expirez pendant 1, 2, 3, 4, 5, 6.

Inspirez pendant 1, 2, 3, 4 ; expirez pendant 1, 2, 3, 4, 5, 6.

La respiration est différente d'une personne à l'autre, alors faites des essais pour trouver le décompte qui vous convient et votre propre rythme. Vous ne pouvez pas vous tromper, car c'est propre à chacun ; il s'agit simplement de compter et de respirer.

Installez-vous dans ce rythme où l'expiration est plus longue de deux temps que l'inspiration.

Si vous le pouvez, vous allez maintenant ajouter une pause d'une seconde au bout de l'inspiration, et une autre d'une seconde après l'expiration. Ainsi, vous inspirez pendant quatre secondes, vous faites une pause, puis vous expirez pendant six secondes et vous faites une pause. Comme ceci :

Inspirez pendant 1, 2, 3, 4 ; pause ; expirez pendant 1, 2, 3, 4, 5, 6 ; pause.

Inspirez pendant 1, 2, 3, 4 ; pause ; expirez pendant 1, 2, 3, 4, 5, 6 ; pause.

Inspirez pendant 1, 2, 3, 4 ; pause ; expirez pendant 1, 2, 3, 4, 5, 6 ; pause.

Maintenant, revenez à une respiration normale. Ne comptez pas, n'expirez pas plus longtemps, ne faites pas de pause ; laissez simplement votre respiration faire ce qu'elle fait naturellement et remarquez comment vous vous sentez.

Paix

Dans votre esprit, imaginez une colombe blanche dans le ciel bleu au-dessus de vous. Un symbole de pureté et de paix. Au fur et à mesure que vous marchez et que vous vous installez dans votre rythme naturel, la colombe se transforme en une petite lumière blanche et brillante, qui plane juste devant votre nez.

À chaque pas, votre respiration pénètre naturellement dans votre corps et la lumière blanche suit votre souffle. Cette lumière blanche et pure emplit votre corps de paix et de calme. Lorsque votre souffle quitte naturellement votre corps, vous sentez la lumière faire grandir la paix et le calme en vous.

Inspirez la lumière blanche pure, elle vous remplit de paix et de calme.

Expirez la lumière blanche pure, la paix et le calme s'étendent.

Inspirez la lumière blanche pure, elle vous remplit de paix et de calme.

Expirez la lumière blanche pure, la paix et le calme s'étendent.

Inspirez la lumière blanche pure, elle vous remplit de paix et de calme.

Expirez la lumière blanche pure, la paix et le calme s'étendent.

La lumière blanche revient planer devant votre nez. À l'expiration suivante, observez cette lumière s'étendre et se changer en une volée de colombes. Chaque colombe, symbole de paix, s'envole dans le ciel bleu lumineux.

Prenez conscience de vos pieds et, lorsque chacun d'eux touche le sol, notez qu'un puissant sentiment de paix et de calme s'élève de la terre qu'il foule. Vous vous sentez merveilleusement paisible, en sécurité et calme. Vous savez que vous pouvez revenir à ce lieu de paix chaque fois que vous le souhaitez.

Force

Vous partez en voyage. C'est un voyage de retour vers vous, pour redécouvrir la force qui réside au plus profond de vous.

Si vous vous perdez en chemin, revenez simplement à votre respiration ; rien d'autre n'est nécessaire, aucun effort n'est requis ici.

Imaginez que vous vous tenez au sommet d'un magnifique escalier en pierres. Alors que vous commencez votre voyage, chaque pas vous fait descendre cet escalier.

En faisant le premier pas, vous démarrez un lent compte
à rebours à partir de 10. Vous êtes totalement en sécurité.
Un pas de plus, 9. Le pas suivant, 8, et ainsi de suite, 7, 6.

À chaque pas, vous vous sentez calme et détendu.
À 5, encore plus détendu ; à 4, encore plus profondément ;
à 3, encore plus détendu ; à 2, vous flottez presque.
À 1, vous arrivez dans un beau jardin.

Le jardin est imprégné d'une lumière paisible et rayonnante,
et chaque partie de votre corps et de votre être se sent bien,
complètement à l'aise.

Immergé dans la beauté et la nature, vous contemplez, ébahi, la splendeur vivante de ce jardin arboré et luxuriant.

À chaque pas, vous puisez de la force dans la vue des arbres, le chant des oiseaux et le parfum des fleurs.

C'est un endroit où vous savez que vous pouvez cultiver et développer votre force. Un endroit où la force ne peut pas s'empêcher d'entrer en vous.

Vous arrivez à un endroit où le sol est nu : un petit oiseau rouge et jaune se pose là, sur le sol.

L'oiseau laisse tomber cinq graines dorées de son bec et s'envole gracieusement. Vous savez que c'est un cadeau pour vous et vous placez les graines dorées dans la paume de votre main droite. Vous fermez la main et la posez doucement sur votre cœur.

Votre cœur est plein de force et de bonté. Vous glissez les souhaits les plus profonds qu'il recèle dans les graines avant de les planter, une à la fois, dans la terre fraîche, en prenant conscience que ces intentions bienveillantes deviendront plus fortes avec le temps.

Vous passez autant de temps que nécessaire ici, vous remplissant de toute la bonté que ce lieu a à offrir.

Lorsque vous êtes prêt, que vous vous sentez fort et stable, vous retournez à l'escalier en pierres et commencez à compter les marches en montant. 1, 2, 3, 4, 5, vous prenez conscience de votre corps physique tandis que vous marchez ; 7, 8, de votre respiration, maintenant ; 9, 10, de vos pieds lorsqu'ils se connectent au sol.

Être

Dans cette méditation, il s'agit de simplement être ; tout est fait avec naturel et sans attente de résultat. Les bras pendent légèrement le long du corps, la respiration est facile et le regard doux.

Il vous suffit de placer un pied devant l'autre, en commençant par le pied droit. Ce faisant, ressentez la sensation de votre talon qui se pose au sol, prenez conscience de l'ensemble de votre pied qui se déroule vers vos orteils et remarquez que le talon se soulève du sol lorsque votre pied gauche se déplace naturellement vers l'avant.

Respirez, observez et restez dans le moment présent. Vous ne devez être nulle part ailleurs – vous êtes simplement en train de placer paisiblement un pied devant l'autre.

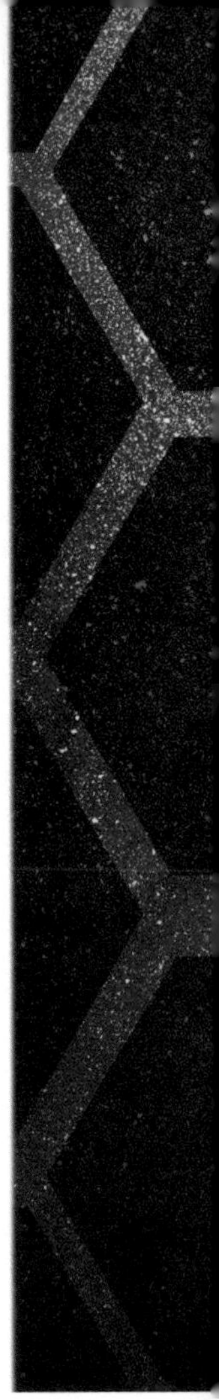

Tout en marchant, connectez-vous à un espace de calme intérieur et, à partir de cet endroit calme, prononcez silencieusement ces mots pour vous-même jusqu'à ce que vous vous sentiez complet :

Je chemine seul, mais je ne suis pas seul.

Je suis fondamental.

La terre, l'air, l'océan et le soleil sont en moi.

Ancrage

Au moment de partir en promenade, imaginez-vous en train de marcher sur un sentier traversant une prairie alpine parsemée de fleurs sauvages.

Au loin, de majestueux sommets montagneux se dressent fièrement, dominant la ligne d'horizon ; la base des montagnes est protégée par une forêt de pins fraîche et reposante. La neige hivernale a fondu et déferle maintenant sur les flancs des montagnes, insufflant la vie à la terre, sur laquelle l'alchimie de la nature a créé un éblouissant tapis de fleurs sauvages colorées.

La prairie ressemble à un tableau spectaculaire, débordant de vitalité, tandis que des fleurs sauvages de toutes les couleurs se balancent au gré de la brise légère. Des asters des Alpes violets, de délicates orchidées blanches, des boutons d'or et de magnifiques lupins bleus dansent harmonieusement dans la lumière du soleil. Leur beauté, sensationnelle, est à couper le souffle et vous marchez lentement sur le sentier avec joie, en savourant ce moment.

Le chemin qui traverse la prairie vous mène dans la fraîcheur de la forêt de pins. Ici, la lumière est faible ; à l'abri des arbres, l'atmosphère est plus reposante.

Vous respirez l'air de la forêt et vous vous sentez rajeuni par l'odeur fraîche, piquante et sucrée du pin. À travers la forêt, vous atteignez le début d'un sentier de montagne.

En marchant, la colonne vertébrale droite comme un pin et le regard fixe, vous sentez le poids de vos pieds sur le sentier. Remarquez comment votre poids est porté à gauche puis à droite, à l'avant puis à l'arrière. Vous sentez que la montagne vous soutient, pas à pas.

Maintenant, sur quelques pas, tapez fermement du pied dans le sol et balancez vos bras d'avant en arrière. Restez attentif et conscient en faisant cela. Vous libérez l'énergie de votre corps et la rendez à la terre. Quelques pas suffisent, mais vous pouvez en faire plus si cela vous fait du bien, tant que vous restez en conscience.

Tout en continuant à marcher sur le sentier de montagne, prenez une profonde inspiration d'air pur et frais en commençant à inspirer à partir de la plante des pieds pour tirer l'énergie de la montagne jusqu'au sommet de votre tête.

Répétez cette respiration trois ou quatre fois. À chaque respiration, vous incarnez la montagne, vous vous sentez fort, enraciné et inébranlable.

Vous vous sentez apaisé. Vous savez que vous pouvez apporter cette énergie de la montagne dans votre vie, chaque jour.

Connexion

Au début de votre promenade, imaginez-vous en train de marcher au sommet d'une falaise, à l'aube. Le ciel est d'un violet profond, vaste et infini, doux comme du velours. La mer se balance doucement d'avant en arrière, tandis que les dernières étoiles s'éteignent.

Vous sentez l'odeur du sel dans l'air et le doux coussin de l'herbe sous vos pieds. Le calme particulier qui règne avant le lever du jour vous enveloppe ; c'est un moment rempli de paix et de possibilités.

Faites le point et remarquez comment vous vous sentez à ce moment précis. Portez toute votre attention sur votre corps qui se connecte au calme qui règne en vous.

Remarquez qu'à partir de ce lieu de connexion et de calme, une énergie naturelle s'élève, tout comme le soleil se lève chaque jour.

Vous regardez l'horizon et voyez le jour nouveau commencer à se lever. Lentement, l'obscurité disparaît et le violet profond se transforme en indigo teinté de rose, de rouge, d'orange et de doré. Le soleil émerge doucement de l'eau et les premiers rayons de lumière touchent votre peau pendant que vous marchez. Vous vous arrêtez pour admirer cette merveille.

Faites le point et remarquez comment vous vous sentez à ce moment précis. Portez toute votre attention sur votre corps. Sentez la vie dans chaque cellule.

Remarquez qu'à partir de ce lieu de connexion et d'immobilité, l'esprit devient plus clair et plus réceptif.

En accélérant, vous revenez sur vos pas le long du sentier sur la falaise. Vous marchez avec intention et clarté alors que le soleil se lève dans le ciel.

Au plus profond de vous, vous vous souvenez que, tout comme le jour et la nuit sont liés, le ciel et la terre le sont aussi. Vous n'en êtes pas séparé, vous en faites partie. Vous pouvez faire confiance à la vie pour simplement être telle qu'elle est.

Amour

Il existe deux chemins : celui de la peur et celui de l'amour.
Tandis que vous marchez, ayez l'intention d'être aimant.
Il n'y a rien à craindre, ici.

Laissez votre esprit s'alléger en détendant votre front et rappelez-vous qu'il est naturel et facile d'être aimant.

Esquissez un sourire, inspirez et, sur la prochaine expiration, détendez et assouplissez tout votre corps. À chaque pas, rappelez-vous que vous êtes en sécurité et que l'amour vous renforce et vous protège.

Sur l'inspiration suivante, concentrez-vous pour envoyer délibérément votre souffle vers votre cœur. Inspirez et dirigez l'air vers votre cœur, puis poursuivez par une expiration facile. Répétez cela plusieurs fois et, si cela vous aide à vous connecter, placez votre main sur votre cœur pendant que vous faites cela.

Tout en respirant, prenez conscience des couches de protection qui peuvent entourer votre cœur. Elles ont pu s'accumuler en cas de peur, de chagrin d'amour ou de stress émotionnel, alors traitez-les avec beaucoup de tendresse et de compassion lorsque vous les rencontrez.

Remarquez la couleur, la texture et le poids de ces couches protectrices. Si vous le souhaitez, vous pouvez laisser l'une de ces couches se dissoudre à chaque expiration. Au fur et à mesure que les couches disparaissent, visualisez l'extérieur de votre cœur maintenant protégé par une lumière verte, douce et scintillante.

Sur l'inspiration suivante, détendez votre cœur. Prenez votre temps, en vous disant que vous pouvez vous relâcher en toute sécurité. Portez votre attention sur l'intérieur de votre cœur, en disant « oui » à votre cœur et à l'amour qu'il renferme.

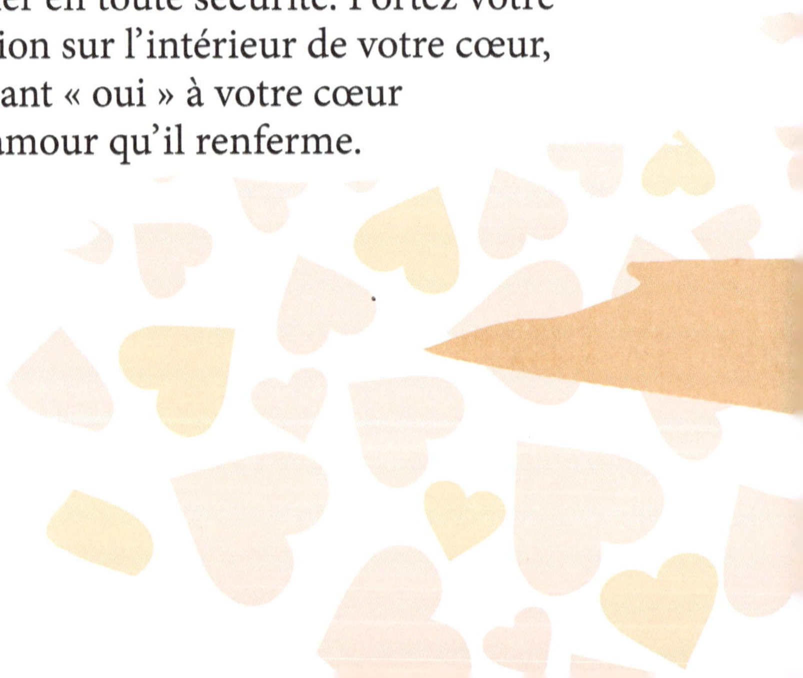

Visualisez l'intérieur de votre cœur rempli d'une lumière rose, douce et scintillante, et laissez l'amour dans votre cœur se gonfler et s'étendre doucement.

Portez votre attention sur votre respiration. À l'inspiration suivante, inspirez de l'amour et expirez de l'amour. Répétez cela sur plusieurs respirations et profitez pleinement de ce moment.

Pour terminer cette méditation marchée, répétez silencieusement les mots : « Je vaux la peine, je suffis » trois fois pour vous-même.

Si vous en avez besoin, créez un espace sûr et ressourçant pour vous-même, et soyez doux avec votre cœur tout au long du reste de la journée.

Apprécier

Ne cherchez pas à obtenir de résultat, à cet instant. Tandis que vous marchez, sentez ou imaginez la lumière du soleil réchauffer votre peau et laissez votre stress et vos tensions s'évanouir à chaque pas que vous faites. La chaleur du soleil est agréable sur votre visage et votre corps, et vous vous sentez à l'aise en marchant.

Remarquez la lumière et l'ombre que le soleil produit tout autour de vous. Prenez le temps d'apprécier la danse des ombres provoquée par ses magnifiques rayons.

Prenez conscience que vous n'êtes pas seulement un observateur de cette expérience, mais que vous en faites partie. Vous faites partie du tout – votre place est ici, maintenant, à ce moment précis.

Imaginez maintenant que vous invitez la chaleur du soleil dans votre poitrine. Vous souriez tandis que des rayons de lumière jaune et orange pénètrent votre peau.

Ressentez la chaleur du soleil pénétrer doucement dans votre poitrine.

Développez maintenant la lumière jaune et orange dans votre poitrine, afin qu'elle devienne une lumière liquide dorée. Acceptez volontiers que la chaleur du soleil vous remplisse de cette lumière liquide dorée, qu'elle circule dans tout votre corps, vous nourrissant et vous renforçant de l'intérieur.

Sentez la lumière du soleil entrer dans votre corps au rythme de vos pas et de votre respiration. Appréciez ce moment, en vous imprégnant de la force vitale du soleil, pas après pas, respiration après respiration.

À mesure que vous marchez, vous vous tenez un peu plus droit, vous êtes un peu plus grand, comme renforcé de l'intérieur. Vous vous savez capable de faire briller votre lumière intérieure dans le monde.

Elle brille doucement, émanant de votre corps pendant que vous marchez. Depuis ce lieu de force et de lumière, vous commencez à vous apprécier plus profondément. Vos qualités et vos bizarreries. Vos épreuves et vos triomphes.

Vous appréciez le monde qui vous entoure et les personnes que vous côtoyez chaque jour, celles que vous connaissez et celles que vous ne connaissez pas.

Vous appréciez les éclats et les ombres de la vie, sachant que la lumière du soleil projette les deux et que les deux sont nécessaires à l'harmonie du monde.

Dites votre prénom en silence et remerciez-vous pour tout ce que vous êtes et tout ce que vous apportez. Entourez-vous d'une bulle de lumière protectrice et emportez cette appréciation positive de vous-même et des autres tout le reste de la journée.

But

Démarrez votre promenade et marchez avec détermination. Imaginez-vous suivre la rive d'une rivière sinueuse qui a creusé son chemin à travers la terre il y a très longtemps.

La rivière est puissante et claire, et coule vers l'océan, traversant des terres fertiles pour atteindre sa destination. Son flux constant se déplace avec une volonté tranquille, toujours vers l'avant. Pour la rivière, le temps n'a pas d'importance, elle n'est pas pressée.

Alors que vous cheminez le long de ces eaux fraîches et claires, vous puisez de la force dans la rivière. Vous commencez à penser à votre propre vie et à tout ce que vous avez accompli

jusqu'à présent. Vous appréciez vos succès et songez aux gens qui vous ont aidé à vous élever en cours de route.

Votre attention se détourne de vos réalisations et vous commencez à vous demander « Pourquoi ? »

Pourquoi la rivière de votre vie s'est-elle écoulée dans cette direction ?

Pourquoi avez-vous été appelé à faire ce voyage particulier à ce moment ?

Pourquoi êtes-vous ici ?

Vous laissez vos pensées serpenter doucement. Acceptez qu'il ne soit peut-être pas encore temps pour vous de connaître toutes les réponses, mais que, comme pour la rivière, rien ne presse. Nous finissons tous par trouver notre vérité.

La rivière serpente au loin comme un fil d'argent et vous commencez à tourner vos pensées vers l'avenir. Vous réfléchissez au prochain chapitre de votre propre voyage et à ce que vous voulez devenir.

Quel genre de personne aimeriez-vous être ?

Quelles sont les qualités que vous aimeriez mettre en valeur ?

Faites simple et, si possible, définissez la personne que vous voulez devenir en un ou deux mots. Répétez-vous ces mots encore et encore, afin de les ancrer au plus profond de votre être.

Sachez que c'est la raison pour laquelle vous êtes ici – c'est ça, votre but. Ayez confiance en vous et croyez en vos capacités.

Profitez pleinement de ce moment. Sentez l'élan vers l'avant que vous créez à chaque pas que vous faites. Vivez votre objectif, poursuivez vos rêves et, comme la rivière, continuez à avancer avec volonté.

La rivière finit par se fondre dans l'océan. L'océan devient la pluie et, avec la pluie, vous pouvez vous débarrasser de tout ce à quoi vous pensiez jusqu'à présent. Libérez toutes vos pensées et tous vos sentiments, rendez-les à la terre. Confiant, comme la rivière, dans le fait que vous tracerez naturellement votre chemin au fil du temps.

* Méditations profondes

Introduction

Ces méditations plus profondes vous guident dans les moments où vous ressentez des émotions intenses et difficiles telles que le chagrin, la peur, la blessure, la douleur ou la colère.

Vous serez invité à suivre un processus en trois ou quatre étapes, et certaines de ces méditations commencent avant que vous ne quittiez la maison. Essayez de ne pas sauter d'étape, car elles forment un ensemble conçu pour vous emmener dans un voyage plus profond vers la guérison. Vous trouverez des étapes facultatives : il peut être nécessaire d'attendre d'avoir plus de pratique avant de les entreprendre pleinement.

Allez toujours à votre rythme et rappelez-vous que c'est vous qui décidez jusqu'où vous voulez aller dans votre propre processus.

Réconfort

« Rain » est un outil bouddhiste de pleine conscience que vous pouvez utiliser lorsque vous ressentez de la tristesse et du chagrin. *Rain*, mot anglais qui signifie « pluie », est un acronyme pour : *recognize* (« reconnaître »), *allow* (« autoriser »), *investigate* (« enquêter ») et *nurture* (« nourrir », au sens de « prendre soin de »).

Étape 1 Trouvez du réconfort dans le rythme de vos pas, alors que vos pieds entrent en contact avec le sol. Sachez que vous pouvez revenir à ce rythme à tout moment de votre méditation. Commencez à penser à une perte. Il peut s'agir d'une perte que vous avez vécue, d'une perte qui vous a touché dans le passé ou d'une perte que vous anticipez. Reconnaissez cette perte et tout ce qu'elle représente pour vous.

Étape 2 Autorisez-vous à valider les sentiments associés à cette perte. Laissez-les remonter à la surface et être présents. Approfondissez votre conscience de ce que vous ressentez en faisant preuve de curiosité et d'attention. Relâchez toute résistance et faites un avec votre expérience telle qu'elle est.

Étape 3 En continuant à marcher, concentrez-vous sur le rythme de votre respiration : inspiration, expiration. Maintenant, allez un peu plus loin et commencez à enquêter – que vous dites-vous à propos de cette perte ? Quelles croyances entretenez-vous à son sujet ? Restez dans une position d'amour envers vous-même pendant que vous enquêtez.

Étape 4 Faites maintenant appel à votre moi supérieur, à un ancêtre ou à un guide spirituel pour apporter à votre cœur l'attention et la sagesse dont il a besoin en ce moment, pour en prendre soin. Puisez dans l'acceptation et l'amour qui viennent de cette source supérieure. Baignez dans la présence bienveillante que votre cœur mérite, en vous sentant réconforté par le fait que vous êtes soutenu et guidé.

Étape facultative Si vous avez du mal à vous libérer de la souffrance ou à vous pardonner, imaginez des nuages qui s'amoncellent au-dessus de votre tête. Le ciel se couvre d'un gris doux et vous vous rendez compte qu'une goutte de pluie touche légèrement votre joue. Vous faites une pause et regardez le ciel, en fermant les yeux, tandis que la pluie douce et délicate efface toute la douleur que vous ressentez. Vous sentez que la pluie purificatrice vous libère de la souffrance et vous apporte tout le confort et l'acceptation dont vous avez besoin pour poursuivre votre voyage dans la vie.

Compassion

Utilisez cette méditation marchée lorsque quelqu'un ou quelque chose vous a blessé, ou que vous êtes dur avec vous-même.

Étape 1 Avant de partir en balade, vous allez faire deux exercices. Le premier consiste à écrire « Qui suis-je ? » en haut d'une feuille de papier. Écrivez vos réponses sur la page, en prenant le temps d'y réfléchir. Si vous êtes bloqué, faites une pause et revenez à la question.

Étape 2 Pour le second exercice, asseyez-vous dans une position confortable et détendez-vous. Votre colonne vertébrale est droite, votre menton est légèrement incliné vers la poitrine. Fermez les yeux, ou baissez votre regard. Respirez et utilisez votre respiration pour faire le vide dans votre esprit. Posez-vous la question « Qui suis-je ? » et laissez une image vous venir à l'esprit, sans essayer de la changer ou de la modifier. Laissez les détails émerger sans chercher à leur donner un sens. Lorsque vous êtes prêt, ouvrez les yeux et écrivez ce que vous avez vu avec le plus de détails possible. Incluez ce que vous avez ressenti et ce que l'image a signifié pour vous.

Étape 3 Vous êtes maintenant prêt à partir. Pendant que vous marchez, demandez-vous « Qui suis-je ? ». Laissez les réponses s'exprimer à travers les mouvements de votre corps. Ce sont le corps et le mouvement qui guident vos réponses. Faites confiance à la sagesse de votre esprit et de votre corps et continuez à marcher jusqu'à ce que vous ressentiez un sentiment de plénitude ou que vous vous sentiez complet. Exprimez votre plénitude. Si vous êtes dans un endroit où vous vous sentez à l'aise, cela peut se faire par le biais de sons, de mots, de mélodies ou de chansons. N'hésitez pas à vous exprimer pleinement et véritablement !

Étape facultative À votre retour, vous pouvez coucher votre expérience sur le papier, et partager vos découvertes avec quelqu'un en qui vous avez confiance – un ami proche, un membre de votre famille ou encore un thérapeute.

Remarque : plus vous pratiquerez cette méditation, plus vous approfondirez votre connaissance de vous-même.

Sérénité

Cette méditation est conçue pour vous aider à exprimer votre colère en toute sécurité, afin que vous puissiez retrouver la sérénité.

Étape 1 Trouvez un endroit à la maison où vous ne serez pas dérangé pendant quelques minutes. Tenez-vous debout, les pieds écartés de la largeur des hanches. Localisez la colère dans votre corps et pensez à la personne, au groupe de personnes ou à la situation qui l'a provoquée. Respirez profondément et, en puisant dans la force intérieure et l'énergie d'un guerrier, secouez vigoureusement vos bras aussi longtemps que nécessaire pour libérer la colère. Faites une pause, respirez si vous avez besoin de vous reposer, puis recommencez si vous avez encore de la colère à évacuer. Restez dans l'énergie d'un guerrier, ne plongez pas dans d'autres émotions.

Étape 2 Déplacez-vous dans la pièce, en vous éloignant de l'endroit où vous avez libéré votre colère. Reprenez votre position initiale, les bras détendus le long du corps, et concentrez-vous sur une respiration régulière. Adoptez un état de paix et de relaxation. Lorsque vous sentez que vous êtes revenu à l'équilibre, vous êtes prêt à aller vous promener.

Étape 3 Pendant que vous marchez, prenez le temps de réfléchir à l'idée de sérénité : gardez ce mot à l'esprit et déterminez ce que cela signifie pour vous. Faites maintenant apparaître dans votre esprit une image qui représente la sérénité pour vous. Laissez-la se préciser à chaque pas, avec autant de détails que vous voulez. Posez-vous la question suivante : « Qu'est-ce qui, dans cette image, me donne l'impression d'être serein ? Quels sont les avantages de la sérénité pour moi ? »

Étape 4 Commencez à incarner la sérénité à mesure que vous marchez. Détendez votre esprit et vos muscles, relâchez toute tension. Laissez la sérénité s'exprimer sur votre visage et répétez dans votre tête le mot « sérénité » dix fois, en le laissant imprégner votre être. Faites maintenant l'expérience de rayonner la sérénité dans le monde, pas après pas, respiration après respiration.

Étape facultative Repensez maintenant à l'expérience qui vous a mis en colère. Regardez cette personne, ce groupe de personnes ou cette situation depuis votre position de sérénité. Vous savez faire ce qu'il faut pour vous protéger, vous occuper de vous et prendre soin de vous. Comment pourriez-vous réagir à partir de cette position de sérénité ? Quelles options s'offrent à vous ?

* Une méditation pour chaque saison

Introduction

Les saisons nous offrent un rythme naturel cyclique et constant. Les longues méditations guidées de cette section sont conçues pour vous aider à vous reconnecter, en marchant, aux rythmes de la nature, et à développer une conscience plus profonde de vos propres cycles, afin que vous puissiez être en harmonie avec eux.

Chaque saison nous enveloppe de son énergie singulière. Le printemps nous revigore. Il nous invite à utiliser la force réparatrice et la sagesse de l'hiver pour exprimer nos souhaits les plus profonds, pour aller de l'avant et exprimer ce qui est frais et nouveau dans nos vies. On dit que la sagesse est la somme de la raison et du cœur, alors prêtez attention à ces deux éléments lorsque vous marchez.

L'été est une période de prospérité et d'abondance, où l'énergie solaire atteint son apogée et où notre propre feu intérieur est attisé. Dans les temps anciens, les gens passaient une partie de leur journée à dormir, afin de pouvoir être éveillés pendant la nuit. Ils bénéficiaient ainsi de la lumière du soleil et de celle de la lune de façon équilibrée. Aujourd'hui, avec notre culture de la journée de travail, en moyenne de 9 h à 17 h, nous sommes moins en harmonie avec ces rythmes naturels, mais il est possible de ramener le bain de lune dans nos vies en marchant au clair de lune.

Dans la médecine traditionnelle chinoise, il existe une courte cinquième saison appelée « la saison des récoltes » qui est liée à la terre. Il s'agit d'une saison subtile et distincte qui se produit à la fin du mois d'août et dure jusqu'à l'équinoxe d'automne en septembre (dans l'hémisphère Nord), parfois appelée « été indien » en Occident. Dans le calendrier chinois, elle marque le milieu de l'année, le point de transition entre l'expansion et la croissance du printemps et de l'été (énergie yang) et l'énergie plus intérieure de l'automne et de l'hiver (énergie yin).
La fin de l'été est considérée comme un lieu d'équilibre, un moment où tout revient à l'essentiel. C'est idéal pour profiter de vos promenades pour faire une pause et réfléchir, afin de vous recentrer, de vous ancrer et de vous rééquilibrer avant que l'automne ne vous emporte à nouveau, avec sa puissante énergie de transition et de changement.

Avec l'arrivée de l'hiver, il est naturel de ralentir et de se replier sur soi. À cette période de l'année, l'énergie yin augmente et nous devenons moins actifs. Pour accompagner cette baisse d'activité, vous pouvez utiliser vos promenades comme un temps de réflexion et d'introspection. L'hiver, si nous le voulons bien, nous ouvre les portes de notre intuition, du mystère et de la magie des recoins les plus profonds de notre être...

Printemps

Si vous le pouvez, faites cette promenade le matin, peut-être même au lever du soleil, lorsque le monde extérieur sera un peu plus calme pour votre moment de contemplation. Accordez-vous au moins trente minutes pour profiter de cette promenade.

Tout en marchant, imaginez dans votre esprit une allée bordée de part et d'autre de cerisiers en pleine floraison. Alors que vous vous déplacez dans l'allée, vous remarquez que chaque pétale minuscule et parfaitement formé joue son rôle dans ce joyeux spectacle, et votre cœur s'étend. Admirez la forme parfaite de chaque fleur délicate, avec ses pétales rose pâle et ses fines étamines jaunes. Laissez votre cœur s'emplir de joie devant ce cadeau de la nature.

En marchant, développez cette joie dans votre cœur, pas à pas, souffle après souffle. Sentez la joie se répandre comme une douce lumière rose pâle qui part de votre cœur vers votre poitrine et votre gorge.

Prenez maintenant conscience de la joie qui s'étend de votre poitrine à vos bras, jusqu'au bout de vos doigts.

Depuis votre gorge, la joie descend doucement le long de votre colonne vertébrale, une délicate lumière rose pâle baignant votre colonne vertébrale, vertèbre après vertèbre.

La lumière s'écoule doucement dans les deux jambes maintenant, alors que tout votre corps est baigné par la douce chaleur de la joie.

Imaginez maintenant que vous êtes un cerisier aux racines profondes. À chaque pas que vous faites, envoyez l'énergie de vos racines loin dans la terre sous vos pieds. Canalisez volontairement votre énergie dans vos profondes racines, car ce sont elles qui permettent la croissance de nouvelles branches.

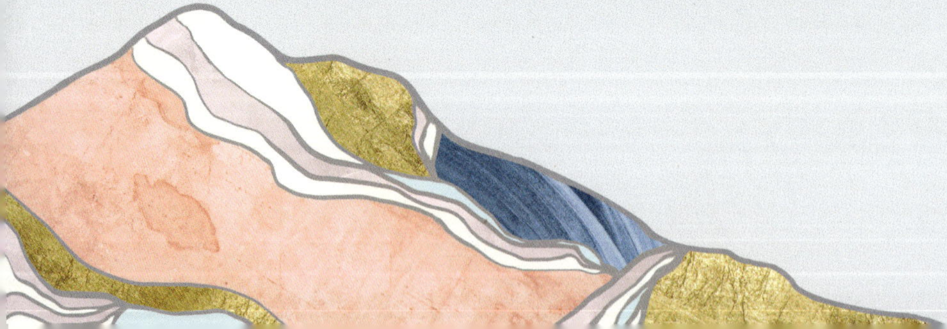

Commencez à aspirer la puissante énergie de la terre par vos racines – à chaque pas, sentez cette énergie se déplacer dans vos pieds alors que vos racines la puisent, à travers vos jambes et dans votre ventre. Sentez cette force terrestre qui vous nourrit et vous dynamise au cœur de votre être.

Du plus profond de votre intérieur, depuis cet endroit où réside votre force, soutenu par de longues racines, imaginez que vous mettez toute votre énergie dans quelque chose que vous aimeriez voir s'épanouir en ce moment. Qu'est-ce que ce serait ?

Concentrez-vous sur ce projet ou cet objet.

Que se passerait-il si vous y consacriez toute votre énergie ? Comment le fait d'y consacrer votre énergie vous aiderait-il à grandir physiquement, mentalement ou spirituellement en tant que personne ?

Ramenez votre esprit à l'allée bordée de cerisiers. Regardez les pétales tomber doucement, tels des flocons de neige rose pâle.

Alors que les magnifiques fleurs se posent sur le sommet de votre tête, touchant votre visage et vos épaules, il vous est rappelé de ne pas vous accrocher trop fermement à vos projets, mais simplement de les laisser éclore naturellement, comme le fait la nature à chaque saison.

Été

Il s'agit d'une promenade du soir, qui peut être effectuée avant d'aller vous coucher. Pour en tirer le meilleur parti, prévoyez trente minutes de marche. Elle présente l'avantage supplémentaire de vous déconnecter de la technologie avant de vous endormir, ce qui vous permet de maintenir des rythmes circadiens équilibrés alors que vous vous préparez au sommeil.

Si vous le souhaitez, vous pouvez noter les jours de pleine lune et de super lune dans votre agenda pour faire votre promenade à ces moments-là, lorsque les rayons de l'astre sont encore plus puissants. Si l'endroit où vous décidez de marcher s'y prête, vous pouvez le faire pieds nus, pour garder un lien fort avec la terre alors que vous contemplez la lune dans le ciel.

Pendant que vous marchez, concentrez-vous sur la lune, si vous pouvez le faire en toute sécurité. Si vous ne pouvez pas regarder directement la lune, vous bénéficierez tout de même des bienfaits de cette pratique.

Concentrez-vous sur votre respiration pendant que vous marchez et, à l'inspiration, inspirez l'énergie et la lumière de la lune.

Laissez la luminosité de la lune baigner tout votre corps. Inspirez la lumière dorée et pure de la lune.

Sur l'expiration, expirez toute zone d'obscurité ou de tension dans votre esprit ou votre corps. Répétez cela aussi longtemps que vous le souhaitez, étape par étape, respiration par respiration.

Faites une pause, restez ancré dans votre puissance personnelle et prenez un moment pour apprécier pleinement la lune. Prenez conscience des réactions, des réponses ou des sentiments qui surgissent en vous.

Inspirez la luminosité dorée de la lune, puis offrez vos réactions à la lune. Permettez à votre respiration d'être facile et détendue tandis que vous développez une relation symbiotique avec la lune, en inspirant sa lumière et en lui offrant votre réponse en retour lors de l'expiration. Répétez cette opération aussi longtemps que vous le souhaitez.

Ensuite, alors que vous êtes debout et que vous admirez la lune, levez les bras en forme de «V» au-dessus de votre tête. Laissez votre cœur s'ouvrir et respirez profondément, en permettant aux rayons de la lune d'imprégner chaque cellule de votre être. Tendez les bras vers la lumière et laissez-la entrer.

Lorsque vous avez terminé et que vous êtes prêt à rentrer, revenez à votre propre sagesse intérieure. Réfléchissez à votre façon d'être, sur le chemin du retour, en prêtant attention à votre expérience physique, mentale et émotionnelle.

Remarque : si vous souhaitez prendre un bain de lune à d'autres moments de l'année, vous pouvez bien sûr le faire. Si le temps est trop froid ou humide, vous pouvez rester à l'intérieur. Éteignez les lumières et allongez-vous tranquillement près d'une fenêtre qui laisse le clair de lune pénétrer à l'intérieur, et pratiquez votre contemplation de la lune, en permettant à ses rayons d'éclairer les zones sombres de votre intérieur. Si c'est possible et confortable, vous pouvez passer la nuit à cet endroit et laisser vos rêves être éclairés par la lune.

Fin de l'été, la saison des récoltes

Cette simple méditation marchée est conçue pour vous aider à ralentir et à célébrer vos réussites. Vous pouvez marcher avec un ami et vivre cette expérience comme une conversation, si cela vous convient. Dans ce cas, entraînez-vous à accorder toute votre attention à l'autre, et à vous écouter l'un l'autre sans commentaire ni interruption. Lorsque l'un d'entre vous finit de parler, c'est le moment idéal pour partager vos louanges, votre admiration et votre estime pour les réalisations de l'autre personne.

Prévoyez soixante minutes pour cette promenade et cette discussion, si vous le pouvez, afin que vous ayez chacun suffisamment d'espace et de temps. Vous pouvez faire demi-tour au bout de trente minutes et échanger de rôle à cette étape. En marchant, réfléchissez (ou partagez) les idées suivantes :

- Où voyez-vous le plus les fruits positifs de votre travail cette année ?
- Qu'avez-vous dû faire pour y parvenir ?
- De quoi êtes-vous le plus fier ?
- Comment avez-vous célébré cette réussite ?

Une fois rentré chez vous, n'hésitez pas à consigner vos réflexions dans un journal afin de créer un lieu où vous pourrez revenir et vous souvenir au cœur de l'hiver, ou lorsque vous sèmerez de nouvelles graines au printemps.

Automne

En démarrant votre promenade, amenez vos épaules vers vos oreilles pour une inspiration profonde, puis relâchez vos épaules sur l'expiration. Répétez l'exercice deux fois encore, et si vous êtes capable de faire un « ahhh » sur l'expiration, c'est encore mieux.

Portez maintenant une attention particulière sur l'arrière de votre corps, en veillant à ce que votre colonne vertébrale soit forte et droite. Sur l'inspiration suivante, aspirez par le nez et faites monter l'air dans votre tête, puis imaginez que votre souffle tombe comme une pluie dorée le long de votre colonne vertébrale, une vertèbre après l'autre, et que vous expirez facilement par la bouche ouverte.

Répétez cela deux ou trois fois, la colonne bien droite et solide : votre corps et votre respiration sont faciles et détendus à chaque pas.

Sur l'inspiration suivante, portez votre attention sur l'avant de votre corps. À chaque inspiration, faites descendre votre souffle progressivement dans votre gorge et dans votre poitrine jusqu'à ce qu'il atteigne votre ventre. Prenez votre temps et laissez le rythme de vos pas vous aider à respirer pleinement et profondément.

Lorsque votre respiration commence à atteindre votre ventre, imaginez qu'une petite lueur orange dorée se forme dans votre ventre.

Visualisez cette lueur orange dorée et regardez-la s'étendre pour devenir une lumière orange parfaite.

Cette lumière orange claire se met à tourner, doucement pour commencer ; vous portez alors votre attention sur cette roue de lumière. Observez la direction dans laquelle la lueur tourne – tourne-t-elle dans le sens des aiguilles d'une montre ou dans le sens inverse ?

Que ce soit l'un ou l'autre, c'est parfait. Respirez profondément dans la lumière et, à chaque inspiration, laissez la lumière s'étendre, rendant la roue plus lumineuse et plus vivante.

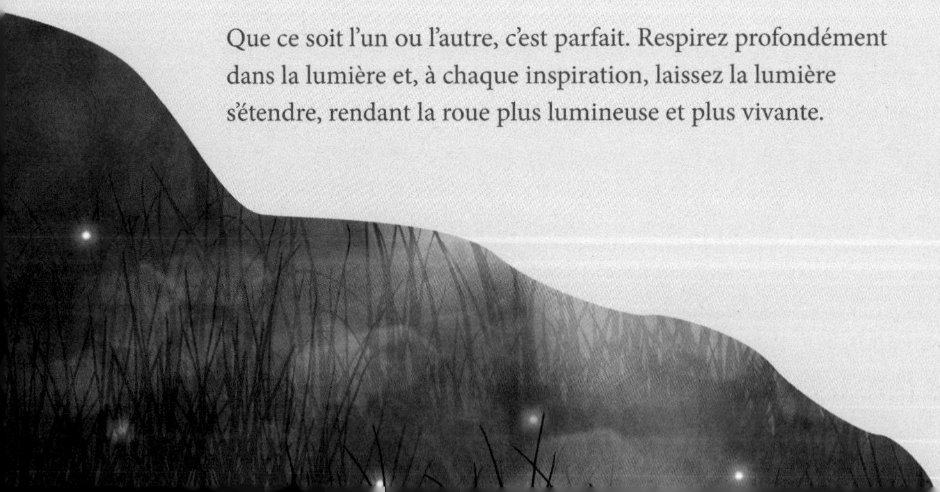

Prenez votre temps. Observez. Ayez confiance.

Faites maintenant tourner la roue de lumière orange dans la direction opposée. Pendant que vous faites cela, remarquez si la lumière a une température. Pouvez-vous sentir sa chaleur ou sa fraîcheur ? Développez la lumière à chaque respiration. Notez les changements de température s'il y en a.

Prenez votre temps. Observez. Ayez confiance.

Connectez-vous à la lumière et laissez-la tourner dans n'importe quelle direction. Pendant qu'elle tourne, demandez qu'on vous montre un symbole, une image ou un mot qui vous soutiendrait dans votre vie en ce moment.

Prenez votre temps. Observez. Ayez confiance.

Lorsque vous êtes prêt, placez votre main droite sur votre ventre et votre main gauche sur votre main droite, puis répétez silencieusement trois fois : « Je me sens en paix. Je suis au bon endroit. »

À présent, inspirez lentement et expirez doucement, puis observez la roue se dissoudre et la lumière orange pénétrer les cellules de votre être. Utilisez vos mains pour vous envelopper d'une bulle de lumière orange brillante et protectrice afin de clore cette expérience.

Hiver

Tout en marchant, signalez à votre esprit et à votre corps que vous entreprenez un voyage intérieur, en faisant cinq respirations conscientes : inspirez par le nez et expirez par la bouche.

Maintenant, dans votre esprit, imaginez-vous en train de marcher vers un glacier islandais isolé et sauvage. Le soleil se glisse lentement sous l'horizon de l'océan, vos pieds crissent sur le sol rocailleux et d'imposantes montagnes noires vous surplombent, projetant de longues ombres pendant que vous avancez.

Tandis que vous continuez à marcher, vous atteignez une énorme étendue de glace bleu-blanc, brillante. Elle court à perte de vue et vous êtes émerveillé par la puissance et la majesté de cette eau qui a été figée par le temps, traversant les saisons et les tempêtes depuis des dizaines de milliers d'années.

Devant vous se trouve un tunnel, comme une porte taillée par la nature, qui, si vous décidez de l'emprunter, vous conduira dans des grottes situées dans les profondeurs du glacier.

Vous choisissez d'entrer dans le tunnel et, ce faisant, vous réfléchissez aux terrains difficiles que vous avez dû traverser au cours de votre propre vie. Vous considérez les tours et les détours, les défis qui ont jalonné le chemin.

Vous réfléchissez à vos propres comportements avec honnêteté et amour. Dans quelle(s) situation(s) auriez-vous pu réagir différemment ? Qu'est-ce qui vous en a empêché à ce moment-là ?

Tout en continuant à marcher, vous réfléchissez aux comportements des autres dans ces moments difficiles, toujours avec compassion et gentillesse. À quel moment auraient-ils pu réagir différemment ? Qu'est-ce qui, selon vous, les en a empêchés à l'époque ?

En traversant le tunnel sombre sous le glacier, vous vous laissez aller à réfléchir aux recoins les plus sombres de votre propre être. Les endroits que vous avez gardés cachés, même à vous-même. Faites-le avec le plus d'amour possible pour vous-même.

En y réfléchissant davantage, vous comprenez qu'il n'y a pas à avoir honte de ces expériences et, souvenir après souvenir, vous vous pardonnez ou vous pardonnez aux autres le mal qui vous a été fait. Vous comprenez que le moment est venu de lâcher prise et vous êtes capable de trouver le pardon avec facilité dans votre cœur.

Alors que vous lâchez prise, vous prenez un virage dans l'obscurité et vous entrez dans une magnifique chambre illuminée d'un bleu profond. En levant les yeux, vous voyez un toit de glace ; on dirait qu'une rivière d'un turquoise éclatant coule au-dessus de vous.

Avec les rayons du soleil qui traversent le toit de glace, l'intérieur du glacier se transforme en une exquise grotte de glace saphir.

La lumière reflète des bleus si profonds qu'ils sont presque violets et vous voyez la beauté extraordinaire de cet endroit même s'il a été figé par le temps.

La grandeur du spectacle est à couper le souffle et vous êtes hypnotisé par l'éclat de cet autre monde extraordinaire. Comme votre propre océan intérieur, vous comprenez qu'il y a beaucoup à découvrir ici et que vous pouvez y retourner à tout moment.

À propos de l'auteure

Danielle North travaille avec des cadres supérieurs du monde entier depuis vingt ans. Elle est la fondatrice de Pause Global, un cabinet de conseil en développement des talents dont l'approche est simple : pour être performant dans un monde qui s'accélère, il faut parfois ralentir.
En partenariat avec les équipes des ressources humaines et des talents du monde entier, Pause aborde les défis auxquels chacun est confronté, de la gestion du stress et de l'épuisement professionnel à la performance professionnelle, en passant par le développement personnel.

www.pauseglobal.com

Dans la même collection :
Méditations du matin
Méditations du soir

Achevé d'imprimé en août 2024